Mi primer libro de MÚSICA

Carla Magnan y Gabriella Solari

susaeta

Proyecto: Donatella Bergamino
Textos: didáctica e historia a cargo de Gabriella Solari;
    construcción de los instrumentos a cargo de Carla Magnan
Ilustraciones: Jenny Cappello
Maquetación: Claudia Grez
Revisión: Isabel López

© Artbooks packagers snc
© SUSAETA EDICIONES, S.A.
C/ Campezo, 13 - 28022 Madrid
Tel.: 91 3009100 - Fax: 91 3009118
www.susaeta.com

¿Cómo nació la música?

¿Cómo nació LA MÚSICA?

Muchos años antes de convertirme en un anciano,
me gustaba observar cuanto me rodeaba.
Cuando mis amigos se iban a jugar al bosque,
yo corría a visitar al Gran Sabio. Me hablaba de muchas
cosas, sobre todo de música, ese mundo misterioso
compuesto por sonidos que podía oír
pero no tocar. El Gran Sabio decía:

**«La música está en todas partes;
sólo hay que saber escuchar».**

Los sonidos del aire...

Todo es MÚSICA para nuestros oídos.

La música es tan antigua como el mundo o, por lo menos, como el hombre. La naturaleza le enseñó al ser humano lo que es la música.

Intenta escuchar el viento que sopla y mueve las hojas de este gran árbol.

Ahora no tienes miedo, pero cuando eras pequeño pensabas que el sonido del viento entre las ramas era la voz de un gigante que venía a atraparte y a llevarte a su caverna.

¡Y cuánto miedo tenías cuando
una tormenta sacudía
la tierra!

Imaginabas que unos seres
feroces daban gritos y otros,
asustados, lloraban.
Pero no eran lágrimas, sino
el estruendo de la lluvia
y el retumbar del trueno.

A los hombres primitivos
les fascinaban estos espectáculos
naturales. Escuchaban durante
horas el SUSURRO del agua del
arroyo. Para ellos, el BORBOTEO
de la fuente era la voz del dios Río,
que intentaba reconfortar
y aliviar a sus hijos.

Los sonidos del fuego...

También el fuego, al CREPITAR,
contaba sus historias.
Por las noches, los hombres
primitivos se reunían y
bailaban a su alrededor
para calentarse y divertirse.

El sonido que producían
unas campanitas de madera,
unas hojas atadas a los tobillos
o al cuello, o el TINTINEO de
las conchas eran ideales para
acompañar el baile. También solían
entrechocar palos, dar palmadas o
patear el suelo con los pies, además de
golpear calabazas o vasijas, y agitar
frutos rellenos con piedrecitas y semillas...
Todo contribuía a disfrutar del baile.

... y de la tierra

Pero cuando el señor Volcán gruñía y entraba en erupción, todos se escondían atemorizados.
La lava descendía, dejando a su paso un triste silencio.
Luego, la vida retomaba su curso. El GORJEO de los pájaros volvía a alegrar al hombre: todos hemos escuchado su voz, así como el canto de los grillos y de las cigarras o el CROAR de las ranas del estanque.
Imitándolos hemos aprendido a jugar con nuestra voz y, luego, a cantar, expresando con las palabras y el sonido sentimientos como la tristeza...

¡y la alegría!

El tempo...

RELOJ DE ARENA

METRÓNOMO

Observando la alternancia regular del día y la noche, el hombre comprendió que el tiempo es un proceso continuo que nunca se detiene: el ayer se va cuando llega el hoy y éste dejará paso al mañana. Por ello, el ser humano ideó instrumentos para medir el tiempo. Así nacieron, por ejemplo, el RELOJ DE ARENA y el METRÓNOMO, que reproduce los pulsos para establecer el TEMPO de la música.

¿Tú sabes qué es el tempo?
Lo entenderás mejor si te digo que el TEMPO MUSICAL es una sucesión de pulsos regulares. Parecido al reloj, que siempre hace tictac, sin aumentar ni disminuir la velocidad y sin parar. Si el reloj se detuviera, se crearía una pausa, que llamamos SILENCIO. Si el reloj funciona, los pulsos son siempre iguales.

El RITMO, en cambio, es algo muy distinto, que no hay que confundir nunca con el tempo.

... y el ritmo

El RITMO MUSICAL es la sucesión de sonidos largos y cortos, alternos. La diferente duración de los sonidos da lugar a las FIGURAS MUSICALES, que conforman el RITMO. Se podría comparar con un juego en el que alternáramos la caminata con el salto y la carrera. Los pasos crean un ritmo determinado, es decir, sonidos que se producen uno tras otro, pero no son iguales ni regulares.

¡Construyamos instrumentos!

Empezaremos por los de PERCUSIÓN, que fueron los primeros instrumentos que se inventaron. Se comenzó, como ya te he explicado, golpeando piedras, troncos de árboles o frutos huecos, hasta llegar al BONGÓ.

Percusión: el bongó...

UN TARRO

UNA CÁMARA
DE RUEDA O...

...UN FLOTADOR

CUERDA Y
UNAS TIJERAS

Podemos utilizar un tarro grande de mermelada, la cámara de aire de una rueda o un flotador pinchado, cuerda y unas tijeras. De la cámara de aire recortamos un disco más ancho que la tapa del tarro. Luego, quitamos la tapa y colocamos la pieza de goma en la boca del tarro, sujetándola con la cuerda, para darle un sonido más agudo.

Para tocarlo sólo hay que golpearlo con la palma de las manos y con los dedos.

¿Y para construir un TAMBOR?

UNA CAJA
CON TAPA

UN OBJETO
PUNTIAGUDO

CUERDA

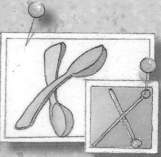

CUCHARAS
O BAQUETAS

... y el tambor

Lo primero que necesitas es una caja grande de cartón con su tapa. También puedes usar un bote de plástico, pero tendrás que hacerle una tapa de cartón. Además, usaremos una cuerda, un objeto puntiagudo para hacer orificios (con la ayuda de un adulto) y dos baquetas o cucharas.

Para empezar, quitamos la tapa a la caja y hacemos un agujero en la parte superior de ésta; luego hacemos otro en el lado opuesto. Introducimos la cuerda por los agujeros y hacemos un nudo en cada extremo. Colocamos la tapa y ya podemos colgarnos el TAMBOR al cuello.

Luego podemos decorar nuestro TAMBOR con pegatinas o lápices de colores. Para tocarlo usaremos las baquetas o cucharas. ¿Y por qué no probar también con dos palitos?

Percusión: las maracas...

UNA CAJA
DE CARTÓN

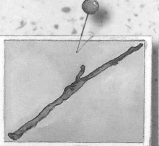

UN PALITO

CINTA
ADHESIVA

JUDÍAS, PASTA
O ARROZ

Utilizando otra caja redonda de cartón, un palo dos veces mas largo que la caja, cinta adhesiva y arroz o pasta muy corta, podemos construir unas MARACAS. Bastará con meter un puñado de arroz en la caja y luego pegar la tapa con la cinta adhesiva. Después haremos un agujero en la tapa y la base de la caja, e introduciremos el palo para poder sujetarla.

Podemos decorar nuestras maracas pegándoles unas borlas de papel de colores.

Si queremos usar botellas de plástico, podemos rellenarlas con distintos tipos de pasta, cerrándolas bien. Si las llenamos a diferentes niveles, conseguiremos gran variedad de sonidos.

... los bloques de arena

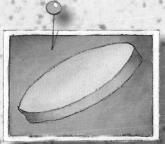

Con los bloques de arena se puede obtener un sonido que recuerda al ruido del mar.

Para ello, hay que tener dos cubos de construcción y pegar un trocito de papel de lija de grano grueso en una de las caras de cada bloque. El sonido se obtiene al frotar los cubos por el lado de la lija.

... y el gong

UNA TAPA METÁLICA

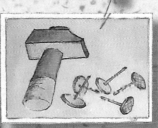
CUERDA

UN MARTILLO Y CLAVOS

UN TENEDOR O UNA CUCHARA

Ahora construyamos un gong con la tapa metálica de un bote grande, un tenedor o una cuchara como mazo, un clavo, un martillo y cuerda. Pide ayuda a un adulto para hacer dos agujeros en el borde de la tapa a poca distancia uno de otro. Luego introduce la cuerda por los agujeros y anuda los extremos. Utilizaremos una cuchara como mazo: para obtener un sonido más suave, envolveremos su extremo con un trozo de tela.

Percusión: el triángulo...

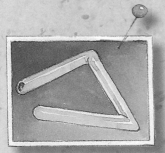

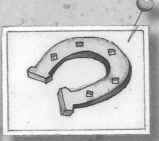

UN TUBO
METÁLICO O...

...UNA
HERRADURA

CUERDA O HILO

UN TENEDOR
O UNA CUCHARITA

Con un trozo de tubo metálico o una herradura, cuerda y un tenedor o una cucharita construiremos el TRIÁNGULO. Si el tubo es recto, para sujetarlo utilizaremos una cuerda que sea por lo menos el doble de larga que el tubo, atándola a los extremos. Sosteniéndolo con una mano, podemos darle golpecitos con el tenedor. Si en vez del tubo utilizamos una herradura, ataremos el hilo solamente en el centro de la herradura; así podremos golpearla manteniéndola suspendida.

Para divertirnos aún más, podemos construir también instrumentos que produzcan sonidos altos y bajos. Uno de ellos puede ser el xilófono de agua.

... y el xilófono de agua

Para realizar el XILÓFONO DE AGUA tendremos que guardar muchas botellitas de vidrio vacías (o vasos), si es posible de la misma forma o muy parecida, y echar en ellas distintas cantidades de agua. La primera hay que llenarla casi por completo; la segunda, hasta un poco más de la mitad, y así sucesivamente hasta la última, que deberá contener poca cantidad de agua. Finalmente, golpearemos cada botella con un tenedor o una cuchara.

Podemos cambiar el sonido modificando la cantidad de agua que contienen. Haciendo distintas pruebas y golpeando varias botellas a la vez, podemos hacer sonar distintas notas a un tiempo, como en el piano.

Viento: la flauta dulce...

Tal vez te preguntes para qué sirve esta caña de bambú. Pues... ¡para hacer una flauta! En la Prehistoria descubrieron que el viento hacía sonar las cañas de los estanques, produciendo sonidos altos o bajos según los orificios que había en su superficie.

Entonces se les ocurrió usar ese curioso instrumento para divertirse, y así comenzaron a tallar estos tubos. Desde entonces se han inventado distintas flautas a lo largo de la historia, según iban cambiando los gustos: FLAUTAS DULCES o de pico, FLAUTAS TRAVESERAS de madera o metal, e incluso de oro y platino...

¡Cuántos cambios, sobre todo en el aspecto, desde aquellas simples cañas agujereadas!

FLAUTA DULCE

FLAUTA TRAVESERA

... la travesera y el flautín

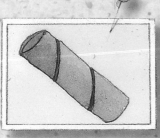

UN TUBO
DE CARTÓN

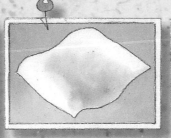

PAPEL
PARAFINADO

UNA GOMA
ELÁSTICA

CERAS

Para construir nuestra flauta, cogemos un tubo de cartón, papel parafinado, una goma elástica y ceras. Recortamos un trozo de papel parafinado más ancho que la circunferencia del tubo de cartón y lo colocamos en uno de los extremos de éste, sujetándolo con la goma elástica. Después, realizamos un pequeño corte en el papel a modo de boquilla. Finalmente, lo decoramos con las ceras. Sólo hay que soplar en la embocadura apoyando delicadamente los labios.

Para construir una verdadera flauta, usaremos una caña de bambú. Haremos un agujero en la parte superior para soplar y luego abriremos otros seis orificios. Sólo tienes que abrir y cerrar los agujeros con los dedos para tocar melodías sencillas.

Viento: el peine que vibra...

Para construirlo hay que envolver un peine con un poco de papel tisú; si apoyas los labios y soplas suavemente sentirás cosquillas, porque el papel vibrará, produciendo un zumbido.

... y la trompa

Otro instrumento de viento divertido es la TROMPA.

UN EMBUDO

UNA MANGUERA

CINTA ADHESIVA ANCHA

CINTA ADHESIVA DE COLORES Y UNA BOQUILLA DE GOMA

Pegamos con firmeza un embudo de plástico en uno de los extremos de una manguera de un metro, usando la cinta adhesiva. Enrollamos la manguera, sujetándola con la cinta, y en el otro extremo colocamos una boquilla de goma. Por último, decoramos el embudo con la cinta de colores. Sopla dentro con todas tus fuerzas y con los labios semicerrados.

Cuerda: la caja guitarra

Para usar los INSTRUMENTOS DE CUERDA hubo que esperar un poco. El hombre primitivo descubrió, cuando cazaba, que su arco producía un sonido, pero tuvo que pasar algún tiempo más para que creara un instrumento. Comenzó fijando cuerdas tirantes en cáscaras de coco o en vasijas, para construir instrumentos sencillos.

UNA CAJA

SEIS GOMAS
ELÁSTICAS
Y UN CARTÓN

¡Probemos! Coge una caja de zapatos de cartón, seis gomas elásticas de distintos grosores y un rectángulo de cartón rígido, que será el puente. Pide a un adulto que haga un agujero en la tapa y seis pequeños cortes en el puente.

Mientras, estira las gomas alrededor de la caja, a lo largo. Debajo de ellas colocaremos el puente de cartón, introduciendo cada goma en una de las hendiduras. Colorea la caja. Haz sonar las cuerdas punteándolas o dejando correr los dedos por encima de ellas. Sus diferentes grosores producirán notas distintas: las finas emitirán notas más agudas o altas y las gruesas, notas más graves o bajas.

La orquesta

Intentad tocar con los instrumentos que hemos construido.
En la parte delantera se colocan los
instrumentos de cuerda: a la izquierda
los violines, en el centro las violas,
a la derecha los violonchelos
y contrabajos. Detrás de los
violines, se sitúa el arpa; a
continuación, los instrumentos
de viento: trompetas, trompas
y trombones. Delante de éstos,
flautas traveseras, oboes y
clarinetes. Al fondo va la
percusión: platillos, triángulos,
tambores, bombos y timbales.
Y detrás de todos, el coro:
la voz también es
un bellísimo instrumento.

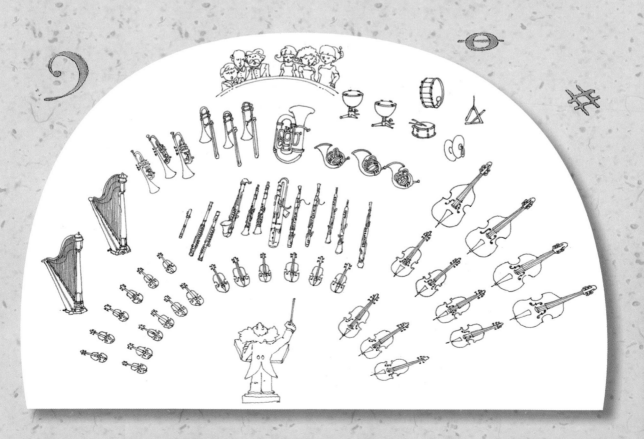

¡Hasta pronto!

Hemos pasado un buen rato juntos hablando de música e historia y construyendo instrumentos.

Recuerda que puedes tocar instrumentos de SONIDO INDETERMINADO, que producen un solo sonido, como el bongó y el tambor, o los de SONIDO DETERMINADO, como el xilófono de agua y la flauta travesera.

Espero que estés contento de lo que hemos aprendido.

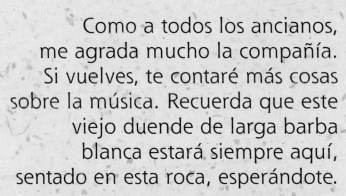

Como a todos los ancianos, me agrada mucho la compañía. Si vuelves, te contaré más cosas sobre la música. Recuerda que este viejo duende de larga barba blanca estará siempre aquí, sentado en esta roca, esperándote.

Y no olvides que la música es una bella compañía en todo momento. Todo es música; sólo hay que saber escuchar

sobre todo con el corazón.

Juega con la música

Juega con LA MÚSICA

Por todas partes nos rodean los ruidos producidos por personas, por coches circulando, por obreros trabajando, los sonidos de la naturaleza y muchos otros. Algunos son molestos, pero muchos son fascinantes, sobre todo si se mezclan. Aquí aprenderás a conocer el mundo de los sonidos, a representarlos y a usarlos. En la parte final descubrirás cómo hacer música y

podrás componer y tocar melodías inventadas y escritas por ti.

Sonidos y ruidos del cuerpo...

El mundo de los SONIDOS es mágico. Cierra los ojos e intenta concentrarte en lo que oyes. Apreciarás cosas a las que nunca antes habías prestado atención. En primer lugar, intenta escuchar los sonidos y los ruidos que tú mismo produces cuando cantas, hablas, gritas...

CANTAR   HABLAR   GRITAR   MURMURAR

¡Y la lista puede continuar!
Aplaude y golpea el suelo con los pies...

APLAUDIR   GOLPEAR EL SUELO CON LOS PIES

… rasca, rechina los dientes, date una palmada suave y luego frótate las manos. Así empezarás a descubrir los muchos sonidos que puede producir tu cuerpo.

RASCAR

RECHINAR LOS DIENTES

DARSE UNA PALMADA

FROTAR

 … y de la casa

Tal vez nunca te hayas parado a pensar cuántas cosas suenan en tu casa… Escucha el ruido del despertador, el ladrido del perro, el borboteo de la cafetera y la música de la radio. ¡Percibimos muchos sonidos, pero no los escuchamos!

Sonidos que te rodean

Cuando estés en la playa,
presta atención a los sonidos
que te rodean. Descubrirás
el rumor de la marea,
el canto de las gaviotas,
la sucesión rítmica de tus
pasos, el aullido y el ladrido
de tu perro.

En el campo, presta
atención a los sonidos
que los animales emiten
para comunicarse entre sí.
Usan gorjeos, chasquidos,
silbidos, graznidos o
gruñidos. Al utilizar estos
sonidos, los animales crean
un verdadero lenguaje.

La prueba de los sonidos

Los sonidos y la música tienen un gran
poder: pueden modificar tu estado de
ánimo. Pueden hacer que te sientas
feliz o triste, tranquilo o nervioso…
Si tienes una grabadora, puedes crear
una COLECCIÓN DE SONIDOS, grabando
lo que escuchas en distintos ambientes.

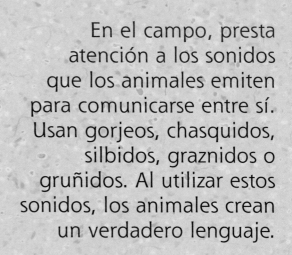

Cuando hayas recogido material suficiente, escucha
tu colección de sonidos grabados y reflexiona sobre
las sensaciones que te producen. Escríbelo todo en
estas columnas.

Sonidos   **Ambientes**   **Sensaciones**

_____   _____   _____
_____   _____   _____
_____   _____   _____
_____   _____   _____
_____   _____   _____
_____   _____   _____
_____   _____   _____

Forte y piano

¿Has intentado cantar
a pleno pulmón y con
todas tus fuerzas?
Si es así, lo hiciste con una
intensidad FORTE.
Y seguro que los que
te escuchaban
¡se dieron cuenta!

Si cantas como si no quisieras que te escucharan, es PIANO. Si comienzas cantando en voz baja y aumentas hasta acabar gritando, obtienes un *CRESCENDO*.
Si haces lo contrario, produces un *DIMINUENDO*.

Agudo y grave

Existen sonidos AGUDOS o ALTOS, como los chillidos, el canto de los pájaros y los chirridos. Luego están los sonidos GRAVES o BAJOS, como los gruñidos o los truenos de una tormenta.

Rápido y lento

En la música existe también la posibilidad de cantar y tocar de modo RÁPIDO o LENTO. Canta tu canción preferida como el animal más veloz que conoces, por ejemplo el leopardo, y luego como una tortuga. ¡Descubrirás las diferencias por ti mismo!

Largo y corto

Imagina que recorres la distancia que separa tu casa de la escuela. Si de camino visitas a tu abuela, llegarás a la escuela habiendo realizado un trayecto largo. Si en cambio sales de casa y vas directamente a la escuela, recorrerás un trayecto breve. Esto sucede con los sonidos: el que dura muchos pasos es LARGO; el que dura sólo un paso o dos es CORTO.

El timbre

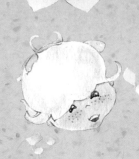

¿Sabes que el mismo sonido que tú has cantado sonará distinto si lo interpreta un compañero? ¿Por qué? Cada persona tiene una voz característica, como cada instrumento. Por eso distinguimos el sonido de una trompeta, de un piano o de una campanilla.

El juego de las transformaciones

Ahora, es el momento de que pongas en práctica lo que hemos aprendido. Elige una canción y cántala como si fueras:

UN RATONCITO QUE ESCAPA CORRIENDO   UNA SIMPÁTICA TORTUGUITA QUE PASEA

Características del canto:

Un leopardo que corre para cazar   FORTE Y RÁPIDO

Un elefante que camina tranquilo   FORTE Y LENTO

Un ratoncito que escapa corriendo   PIANO Y RÁPIDO

Una tortuguita que pasea   PIANO Y LENTO

La voz

Desde pequeños, contamos con un instrumento muy especial que puede reproducir todos los sonidos: NUESTRA VOZ. Las mujeres poseen una voz más aguda que los hombres. La más alta de las voces femeninas es la de SOPRANO; luego, encontramos la MEZZOSOPRANO y la CONTRALTO. Las voces masculinas, por su parte, son TENOR, BARÍTONO y BAJO.

CON LA ESPALDA RECTA, RESPIRA HASTA LLENAR LOS PULMONES, BAJANDO LOS HOMBROS.

ABRE BIEN LA BOCA, MANTÉN LA BARBILLA FIRME Y SONRÍE SIEMPRE CUANDO CANTES.

CANTA TU CANCIÓN PREFERIDA EN VOZ BAJA Y LUEGO FORTE, RÁPIDO Y LENTO, HACIENDO VIBRAR LAS MEJILLAS.

¡Ahora pon a prueba tu voz!

¿Hasta qué nota aguda puedes llegar sin chillar? ¿Cuál es la nota más baja que logras cantar?
¡Grábalo y, cuando lo escuches, te sorprenderás!

El tempo...

Ahora, hay que respetar el TEMPO MUSICAL, es decir, la sucesión de latidos o pulsos regulares. Parecido al reloj, que hace tictac siempre a la misma velocidad. Si el reloj se detiene, se crean pausas. Si el reloj funciona, los latidos son siempre iguales.

... y el ritmo

Ya hemos dicho que el RITMO no hay que confundirlo con el tempo. El RITMO MUSICAL es la sucesión de sonidos largos y cortos. Nuestros pasos producen ritmo, sonidos que se suceden pero no son iguales ni regulares, dependiendo de si saltamos, andamos o corremos.

 Éste es el señor Na-ran-ji-to, muy torpe, que da un paso por cada 4 tictac del reloj.

 En cambio, el señor Ver-de camina muy tranquilo y da un paso por cada 2 tictac del reloj.

 El señor Azul camina siguiendo el tictac de su reloj.

 Los señores Ne-gro son dos amigos que siempre corren: dos pasos suyos equivalen a un paso del señor Azul.

Los sonidos de diferente duración se llaman figuras musicales.

El director de orquesta

El director guía un coro o una orquesta; se comunica con ellos a través de gestos para coordinar e interpretar una pieza musical. Normalmente utiliza una batuta para que lo vean todos los músicos; para nosotros, la batuta puede ser un palito o una cuchara.

«Crispín sin miedo»

Ahora, junto a tus amigos, elige un instrumento. Tu papá puede leer y tu mamá dirigir la orquesta, ayudándote a seguir el TEMPO, el RITMO, las entradas y salidas y la unión de los instrumentos, sin interrumpir el relato. Construiremos una historia sonora en la que cada situación y cada personaje serán señalados por una intervención musical que crearéis siguiendo las frases.

¡Comencemos!

Había una vez un niño llamado Críspulo, al que todos llamaban «Crispín sin miedo», porque era pequeño, tenía el cabello crespo y la voz fina y aguda, y no le tenía miedo a nada.

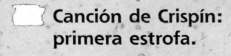
**Canción de Crispín:
primera estrofa.**

Partió para dar la vuelta al mundo en busca de grandes aventuras.

**Pasos de Crispín: golpea
el tambor con dos cucharas.**

Un día se alojó en una posada.

**Golpea dos veces
la mesa con los nudillos.**

• Para la canción, mira la página 45.

El posadero le dijo que no había lugar,
pero que, si no tenía miedo de dormir
en un castillo embrujado, entonces podía
ir al palacio más hermoso del pueblo.

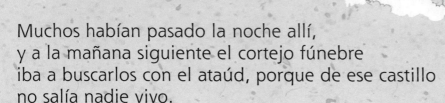 **Sonido de cadenas: sacude
algunos collares. Sonido de la
lechuza: sopla en el cuello de
una botella. Murciélagos
volando: enrolla y frota
unas hojas de periódico
mientras un amigo tuyo
golpea fuerte un trapo
contra una superficie dura.**

Muchos habían pasado la noche allí,
y a la mañana siguiente el cortejo fúnebre
iba a buscarlos con el ataúd, porque de ese castillo
no salía nadie vivo.

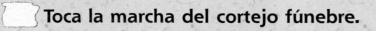 **Toca la marcha del cortejo fúnebre.**

¡Imaginaos! ¡Crispín no tenía miedo de nada! Partió llevando
consigo una botella de agua, una salchicha y una manzana.
Al llegar al gran palacio, encontró la puerta abierta y entró.
Cerró la puerta y, con calma, visitó todas las habitaciones.

**Puerta que golpea:
entrechoca dos tapas grandes.**

Al caer la noche, a Crispín le entró
hambre y se sentó a la mesa.

**Llamada a la mesa: haz sonar
el triángulo con una cuchara.**

A las doce en punto de la noche
oyó una voz GRAVE que salía de la
chimenea y gritaba: «¿Tiro?».

**Toca las teclas graves, negras
y blancas, mientras un amigo
sopla en el cuello de una botella.**

Crispín sin miedo respondió: «¡Tira!».

Canción de Crispín: segunda estrofa.

Por la chimenea cayeron dos piernas y Crispín
bebió un sorbo de agua a su salud. Poco tiempo
después, la voz GRAVE, más irritada y silabeando
LENTO las palabras, dijo: «¿Tiro?... ¿Quieres
que tire?». Crispín asintió y entonces,
mientras él comía la salchicha, cayeron
dos brazos por la chimenea.

**Pierna que cae por la chimenea:
arroja al suelo una bolsa de tierra.**

Al terminar la cena, otra vez la voz
GRAVE, PIANO pero RÁPIDO, le dijo:
«¿Tiro? ¿Realmente quieres que tire?».
Mientras Crispín mordía la manzana,
cayó por la chimenea un busto, que se unió
a las piernas y los brazos.

Arroja al suelo una bolsa llena de arena y
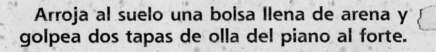
golpea dos tapas de olla del piano al forte.

Una vez reunidos todos los pedazos, frente
a Crispín se paró un hombre sin cabeza.

**Toca las teclas graves negras
y blancas mientras un amigo
tuyo sopla en el cuello de una
botella y otro arroja al suelo
una bolsa de arena.**

Ese gigantón le pidió a Crispín que
lo siguiera y atravesaron el palacio,
pasando de habitación en habitación.

Ruidos: haz chirridos con la voz y sacude
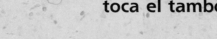
**algunos collares, mientras un amigo enrolla
unas hojas de periódico y mamá
toca el tambor con los dedos.**

Llegaron a un sótano donde había una enorme trampilla, que el hombretón levantó como si fuera una piedrecita.

 Golpea el suelo con las patas de la silla.

Allí encontraron tres cofres de oro. ¡El encantamiento se había roto! «Un cofre es para ti...», dijo el gigante, «... otro es para el cortejo fúnebre que te vendrá a buscar, creyéndote muerto, y el tercero es para el primer pobre que pase». Luego, desapareció por la chimenea.

Golpea el triángulo con una cuchara, luego el tambor con el cucharón y, una vez más, el triángulo con la cuchara.

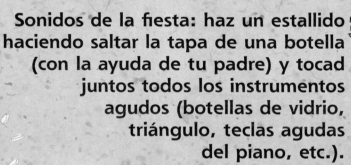

En cuanto amaneció, llegaron los hombres del cortejo fúnebre, que, asombrados de ver a Crispín con vida, volvieron al pueblo, ricos y felices.

Sonidos de la fiesta: haz un estallido haciendo saltar la tapa de una botella (con la ayuda de tu padre) y tocad juntos todos los instrumentos agudos (botellas de vidrio, triángulo, teclas agudas del piano, etc.).

Crispín mantuvo su promesa y regaló el cofre al primer pobre que pasó por allí.

Canción de Crispín: tercera estrofa.

Desde entonces vivió con las monedas de oro, rico y feliz en su palacio, hasta que un día, al girarse, vio su sombra y se asustó tanto que murió.

Toca varias veces la zona grave del teclado.

La canción de Crispín

Cántala con la melodía de la canción francesa «Fray Santiago» (puede que la conozcas como Martinillo o Pulgarcito). Sustituye la letra que conoces por la escrita aquí abajo.

 **Comienza a cantar:**

Soy Crispín, no tengo miedo. Viajaré, descubriré muchas cosas nuevas, miles de aventuras viviré y superaré.

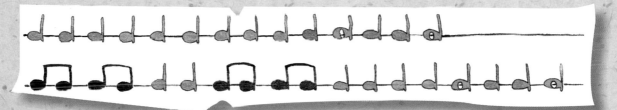

He llegado a un castillo, que abandonado está...
Una voz se oye en la chimenea.
¿Qué querrá? No lo sé.

El gigante era bueno y me ayudó a romper una maldición que todo lo embrujaba.
¡Ahora ya rico soy!

Después de haber probado con el relato de Crispín sin miedo, invéntate una historia. Podrías utilizar un cuento que conozcas, como Pulgarcito, Blancanieves y los siete enanitos, etc.

Aprendemos la marcha...

Cada instrumento debe ser tocado por varias personas al mismo tiempo. ¡Lo difícil será que todos toquéis juntos los distintos instrumentos! Basta con prestar atención a los valores musicales que aprendimos antes. ¡Que os divirtáis!

Instrumentos:

BOTELLA DE VIDRIO
CON CUCHARA

TAPA METÁLICA
PEQUEÑA CON CUCHARA
DE METAL

TAPA METÁLICA
GRANDE CON CUCHARA
DE MADERA

OLLA GRANDE
O TAMBOR CON
CUCHARÓN

TECLADO
MANO DERECHA
(TECLAS BLANCAS)

MANO IZQUIERDA
(TECLAS NEGRAS)

... del cortejo fúnebre

Las dos manos tienen que trabajar juntas de esta manera: la mano izquierda debe estar sobre las teclas negras y la derecha, sobre las teclas blancas.

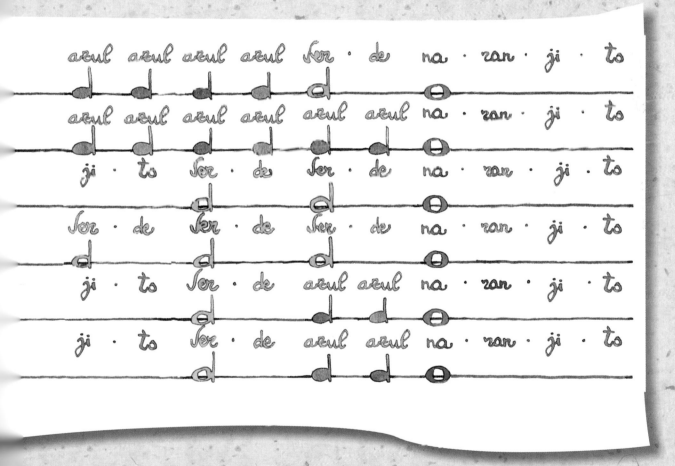

Descubre las notas

Descubre
LAS
NOTAS

«La vida está hecha de escaleras, para subir y bajar».

Lo mismo ocurre con la música: al subir y bajar por el pentagrama y al moverse por él más rápida o más lentamente, es posible crear una canción.

Pero para mí, que me llamo Mila y soy un resorte musical, la tarea es difícil. He de estar siempre muy atenta y tengo que saber medir bien las distancias entre las líneas del pentagrama y los espacios que hay entre ellas.
¿Sabéis vosotros qué es el pentagrama?

El pentagrama

5ª LÍNEA
4ª LÍNEA
3ª LÍNEA
2ª LÍNEA
1ª LÍNEA

5º ESPACIO
4º ESPACIO
3er ESPACIO
2º ESPACIO
1er ESPACIO

El PENTAGRAMA es el conjunto de cinco líneas paralelas horizontales y de los cuatro espacios que hay entre ellas (además de un quinto espacio en la parte superior). Su nombre deriva del griego *penta* que quiere decir «cinco» y *gramma* que significa «escribir».

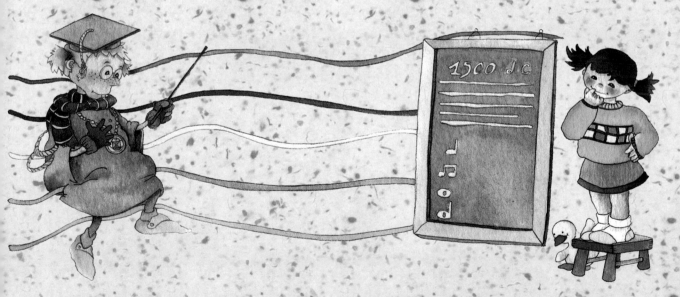

El pentagrama se usa desde el año 1500 para escribir música. Todos los signos musicales ocupan en él un lugar preciso: desde la primera línea, la de abajo, hasta la quinta, que es la de arriba.

Agudo y grave

En el pentagrama podemos ver inmediatamente si un sonido es alto o bajo, o, más exactamente, si es AGUDO o GRAVE.

sonido **agudo**

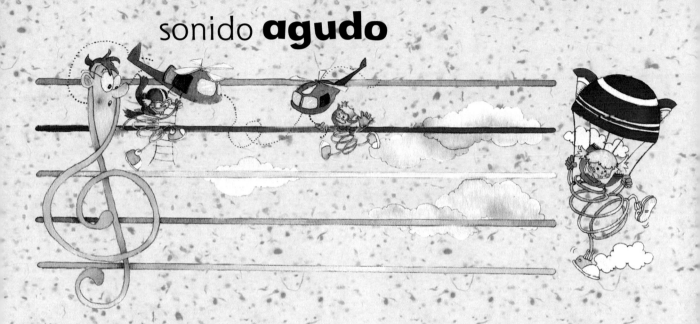

Los sonidos que se encuentran en la parte superior del pentagrama son los más agudos y los de la parte inferior son los graves.

sonido **grave**

Líneas y espacios

Para no confundirse al leer los sonidos próximos, unos se escriben sobre las líneas, mientras que otros se colocan en los espacios que hay entre ellas.

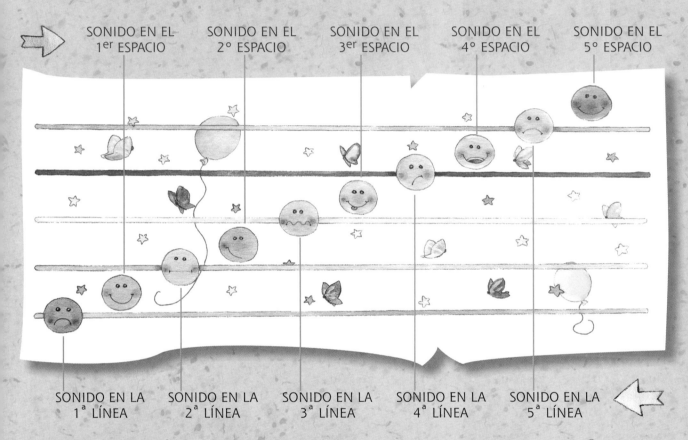

SONIDO EN EL 1ᵉʳ ESPACIO

SONIDO EN EL 2° ESPACIO

SONIDO EN EL 3ᵉʳ ESPACIO

SONIDO EN EL 4° ESPACIO

SONIDO EN EL 5° ESPACIO

SONIDO EN LA 1ª LÍNEA

SONIDO EN LA 2ª LÍNEA

SONIDO EN LA 3ª LÍNEA

SONIDO EN LA 4ª LÍNEA

SONIDO EN LA 5ª LÍNEA

Los sonidos, o NOTAS, se representan como bolitas a distintas alturas del pentagrama. Fue Guido d'Arezzo, un monje de la Edad Media, quien asignó un nombre a cada nota.

Las líneas adicionales...

Como en el pentagrama no hay suficiente espacio para representar todos los sonidos existentes, éstos se pueden escribir también en unas pequeñas líneas que se agregan, en la parte inferior y en la superior, y que se llaman LÍNEAS ADICIONALES.

... y la clave de sol

A cada sonido le corresponde un lugar y, para saber cómo se llama cada uno, antes tenemos que conocer las claves que nos permiten descubrir la música. Una de ellas es la clave de sol, que se dibuja al comienzo del pentagrama y que indica la posición de la nota sol. Tomando como referencia este sonido, que está situado a la altura de la barriga de la clave, se fijan los demás.

La escala musical

Entonces... sólo tenemos
que subir y bajar por
la escala musical
para aprender
cada nota.

DO, RE, MI, FA, SOL, LA, SI, subiendo; SI, LA, SOL, FA, MI, RE, DO, bajando. Éste es el orden de la escala, según la altura de los sonidos. Intenta cantarlos frente a un espejo imitando la posición de la boca de estos personajes.

DO   RE   MI   FA   SOL   LA   SI

¡Vamos a repasar!

Si queremos conocer a nuestras amigas las notas, tenemos que descubrir cuánto tiempo dura cada una. Para eso, ya hemos hablado del reloj y de su incesante, constante y regular tictac, el TEMPO.

Ya hemos explicado que hay notas largas y otras más cortas y que, si el reloj se detiene, se crean pausas o silencios. La mezcla de estos sonidos de diferente duración se llama RITMO.

Las figuras musicales

Ahora veremos las FIGURAS MUSICALES. ¿Te acuerdas?

El señor Azul camina con el tictac del reloj.

AZUL

El señor Ne-gro va rápido, dos pasos a cada tictac del reloj.

NE-GRO

El señor Na-ran-ji-to, que es torpe, da un paso a cada 4 tictac del reloj.

NA-RAN-JI-TO

El señor Ver-de va tranquilo; da un paso a cada 2 tictac del reloj.

VER-DE

Pero si el reloj se detiene, la música se para y el SILENCIO lo cubre todo. Los silencios son también figuras. Tienen duración, aunque no tienen sonido. Cada figura musical tiene un silencio que dura lo mismo, pero sin sonido.

SHH es la pausa que equivale a un tictac del reloj.

SHH

• 58 •

El puntillo y el calderón

Hemos avanzado
bastante juntos y,
de tanto subir y bajar
por las líneas del
pentagrama, estoy
un poco cansada.
Pienso que es el
momento justo para
analizar la situación.

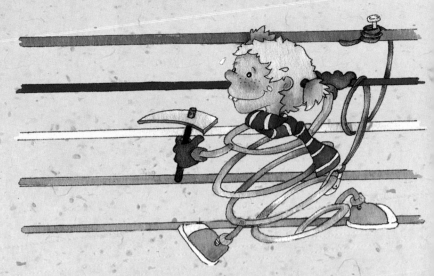

El PUNTILLO sirve para alargar la
nota o la pausa que lo preceden,
aumentando la mitad de su valor.

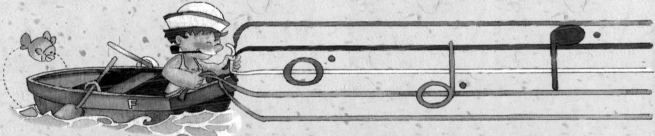

Si queremos alargar la duración de una nota o una
pausa durante un tiempo indeterminado, usamos el
CALDERÓN. Es un símbolo con forma de corona que, al
ponerlo sobre una nota, le da el valor que queramos.

Compás, forte y piano

Las notas se mueven en grupo. Por eso, se podría decir que la música se compone de una sucesión de bolsitas (o grupos) que contienen notas. Dentro de cada bolsa debe haber siempre la misma cantidad de notas.

4 TICTAC DEL RELOJ

Como no podemos representar las notas en bolsas, lo que se hace es separarlas por grupos utilizando DOS BARRAS, **| |**, entre las cuales habrá la cantidad de notas que decidamos.

Si, por ejemplo, al comienzo del pentagrama aparece el número 4, quiere decir que dentro de cada «bolsa» habrá cuatro tictac del reloj.

Al principio de una canción, puedes encontrarte una *f* (forte) o una *p* (piano). Con la *f* tienes que cantar en voz alta, y con la *p*, lo harás en voz baja.

El juego de las figuras

Prueba tú también a jugar con el puntillo y el calderón. Completa, con ayuda, las casillas que aparecen debajo. Deberás escribir cuántos tictac del reloj corresponden a cada nota y el puntillo, y sumarlos.

.... TAC + ... TAC = ... TAC

.... TAC + ... TAC = ... TAC

= ....

El juego del compositor

Te propongo un juego para crear una canción. En primer lugar, dibuja todas las figuras musicales y las pausas en casillas separadas. Luego, las siete notas sobre una parte del pentagrama. Por último, algunas casillas que contengan un puntillo y un calderón.

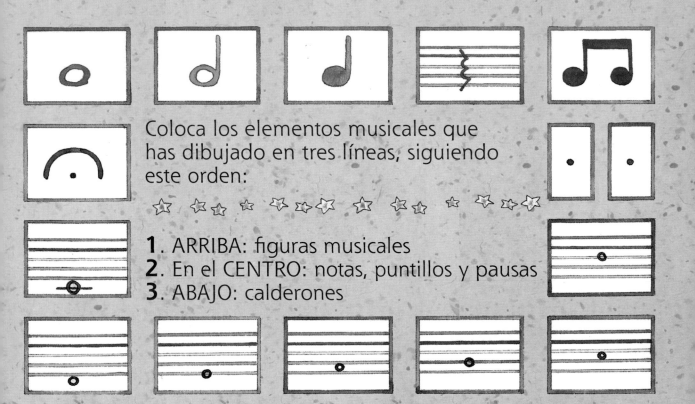

Coloca los elementos musicales que has dibujado en tres líneas, siguiendo este orden:

1. ARRIBA: figuras musicales
2. En el CENTRO: notas, puntillos y pausas
3. ABAJO: calderones

Coloca las casillas de las notas unas junto a las otras, uniendo con precisión las líneas del pentagrama. Después, coloca sobre éstas las casillas con puntillos y calderones. Por último, debajo, sitúa las casillas con las figuras musicales. Y... ¡ya tienes tu propia canción!

Cantemos juntos

En las próximas páginas hay algunas canciones que podrás cantar con tus amigos. Recuerda que tenéis que prestar atención a los valores musicales y a la altura de los sonidos.

Son canciones muy conocidas, por lo que es fácil recordar su melodía. Primero, cántalas con su letra; después, repítelas diciendo los nombres de las notas (recuerda la posición de los labios). También puedes dar palmas siguiendo los «tictac» que se indican con un número al comienzo de cada canción. Y, por último, recuerda que puedes cantar forte o piano, según esté indicado.

Navidad, Navidad

(Jingle Bells)

En la granja de Pepito

FA FA FA DO RE RE DO LA
En la gran - ja de - Pe - pito i

RE RE DO LA LA SOL SOL
de - Pe - pito i a i a

Juega con la flauta dulce y el teclado

Juega con la
FLAUTA DULCE
y el TECLADO

La música está compuesta por sonidos: podemos escucharlos, pero no atraparlos.

Por eso, a lo largo de la historia, el hombre ha buscado
la manera de transmitir la música y no olvidarla.
Ha inventado signos que permiten tocar o cantar
cualquier canción, incluso muchos años después de su
creación. Y así ha evitado que se perdiera para siempre.
Aprende tú también a leer y
emplear la NOTACIÓN MUSICAL.

La melodía...

¿Sabes qué es la melodía?

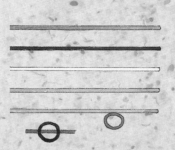

Una melodía es una pieza musical formada por muchas notas, agudas y graves. Las graves se escriben en la parte baja del pentagrama; las agudas, en la parte alta.

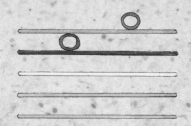

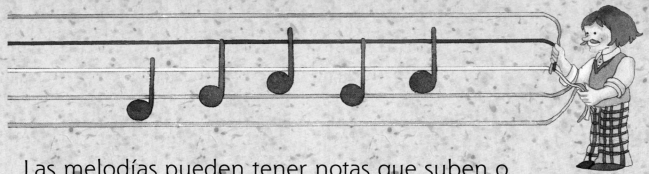

Las melodías pueden tener notas que suben o bajan rápidamente, que se repiten y se suceden. El fragmento que ves aquí está compuesto por notas de la misma duración, pero normalmente las canciones, para resultar variadas y agradables, usan notas de distinta duración.

Para indicar cuándo empieza y cuándo termina una melodía, la «ligaremos» con una línea fina, llamada LIGADURA DE EXPRESIÓN.

... y el ritmo

La unión de notas de diferente duración produce el RITMO.

Según la música que escuchemos, la velocidad varía. Hay melodías más lentas, por ejemplo una canción de cuna...

... y otras más rápidas, que suelen servir para bailar.

Los compases...

Si escuchas una música con atención, oirás, cada cierto tiempo, golpes fuertes que se alternan con otros más débiles.

Todos ellos se «reagrupan» y «dividen» en COMPASES. Éstos dividen los pentagramas en unas casillas que contienen siempre la misma cantidad de notas. A las notas les gusta reunirse en grupos fijos.

Las notas se reparten en grupos separados por BARRAS, **I I**, dentro de las cuales habrá la cantidad de notas que decidamos.

Por ejemplo, si al comienzo del pentagrama aparece un 4, significa que dentro de cada compás habrá cuatro notas; si hay un 3, usaremos tres notas; si hay un 2, usaremos dos notas.

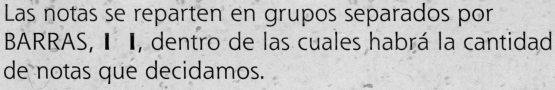

... y las pausas

La música sería muy aburrida
si las notas tuvieran siempre la
misma duración. Un compás
de tres notas iguales se
representa así:

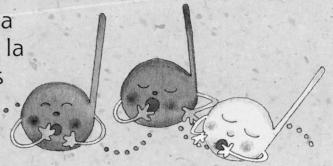

¡Observa qué felices están cuando son distintas!

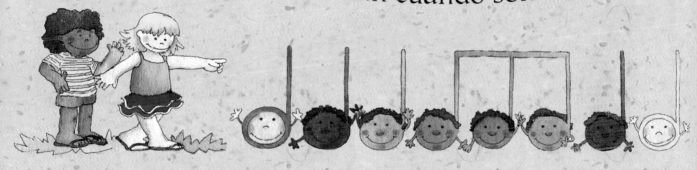

¡Y qué dolor de cabeza nos daría si no existieran
los silencios entre tantas notas!
Pero, atención:
la duración del silencio,
o pausa, debe ser
precisa para que
pueda formar parte
del compás con las
otras notas. De este
modo, todos pueden
mezclarse.

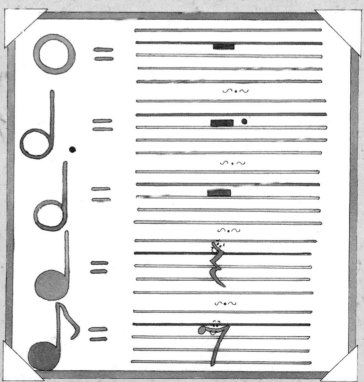

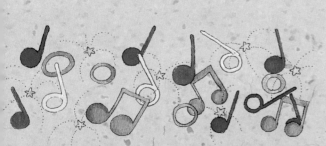

La armonía

Para hacer que una música sea especial, añadimos otro elemento: la ARMONÍA.

La armonía se crea cuando se reproducen varios sonidos al mismo tiempo, por ejemplo con dos instrumentos diferentes o con un instrumento y una voz.

O agregando otra fila de notas debajo de la melodía.

Un pequeño repaso

Éstos son los valores de las notas…

… el PENTAGRAMA en el cual se escriben las notas…

… la clave de sol, dibujada al inicio del pentagrama, y todas las notas en su sitio.

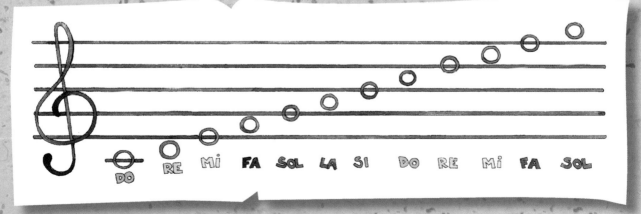

DO RE MI FA SOL LA SI DO RE MI FA SOL

Hasta aquí habíamos utilizado pentagramas de colores, pero ya no será necesario; bastará con ver la posición de las notas en el pentagrama, que desde ahora será negro.

Seguimos repasando

La CLAVE DE FA se utiliza para escribir los sonidos graves.
Aparte, tenemos las PAUSAS y el TEMPO, que, colocado
cerca de la clave de sol, indica cuántas notas pueden ir
en cada compás. La barra divisoria final nos indicará
cuándo se termina la música.

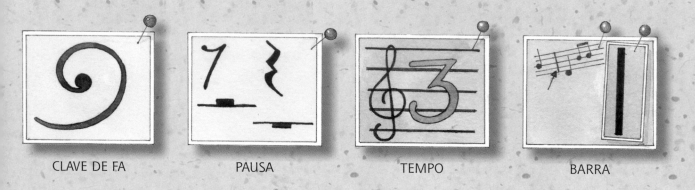

CLAVE DE FA   PAUSA   TEMPO   BARRA

No olvidemos que podemos cantar FORTE y PIANO.
Finalmente, sólo hay que «mantener el tempo», es decir,
tocar todos juntos a la misma velocidad.

La flauta

Ya hemos visto que hace muchos siglos alguien descubrió que, cuando el viento pasaba por entre las cañas, a la orilla del río, éstas producían melodías. Decidió soplar en una de ellas y así nació la FLAUTA DULCE.

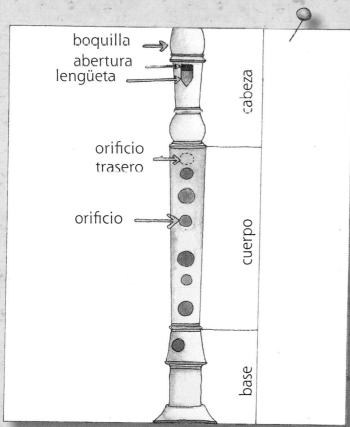

boquilla
abertura
lengüeta

cabeza

orificio trasero

orificio

cuerpo

base

paladar

lengua

Para tocar la flauta hay que soplar suavemente por la boquilla, pronunciando, para cada nota, la sílaba «tu» y pegando la lengua al paladar.

Luego, hay que tapar los agujeros con los dedos. La mano izquierda va arriba y la derecha, abajo.

PULGAR

mano izquierda
ÍNDICE
CORAZÓN
ANULAR

mano derecha
ÍNDICE
CORAZÓN
ANULAR
MEÑIQUE

Las notas en la flauta

Para tocar las distintas notas, hay que destapar diferentes agujeros, en el siguiente orden. Para las notas do, si, la y sol, debes usar la mano izquierda.
Presta atención al do alto: es como un la, pero con el índice levantado.

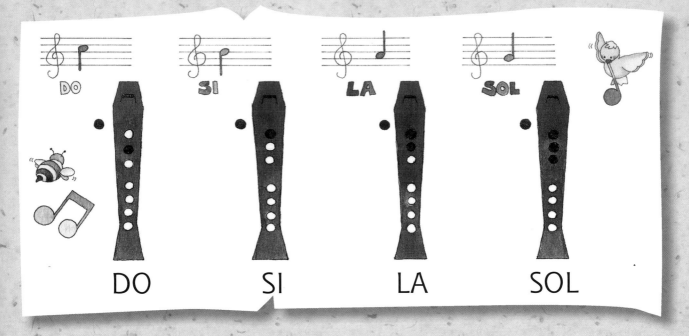

DO   SI   LA   SOL

Agregando la mano derecha, un dedo tras otro, descubrirás las notas fa, mi, re y do bajo.

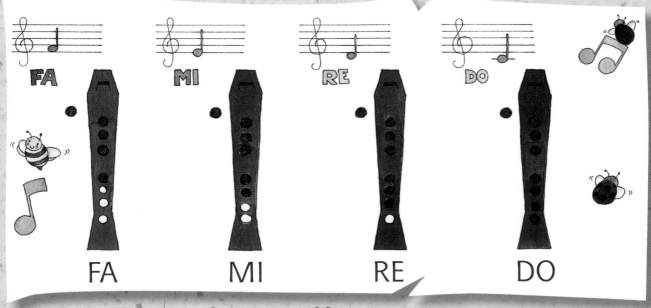

FA   MI   RE   DO

Canciones para la mano izquierda

No soples demasiado fuerte y cierra bien los orificios.

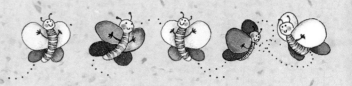

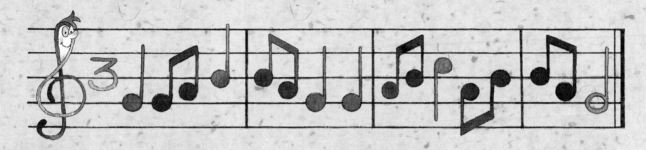

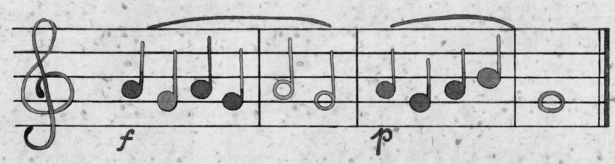

No olvides el GOLPE DE LENGUA en cada nota y estarás listo para tocar. Será un juego muy divertido. Preparado, listo, ya... ¡A tocar!

Canciones para dos manos

¡Y ahora, la mano derecha también!

Trata de tapar completamente el agujero con la yema del dedo; no debes dejar ni una pequeña rendija.
Ya verás cuántas canciones bonitas aprenderás a tocar y podrás compartir con tus amigos.

El teclado

DO RE MI FA SOL LA SI DO RE MI FA SOL LA SI

¿Sabes cómo es UN TECLADO? Está formado por muchas teclas blancas y negras, y a cada tecla le corresponde una nota de distinta altura.

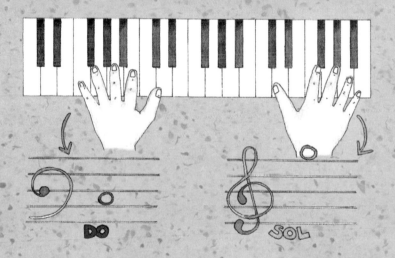

Con el teclado podemos tocar las notas graves (que están en la parte izquierda) y las agudas (que están a la derecha). Las agudas las tocamos con la mano derecha; las graves, con la mano izquierda.

Esto es un piano: un instrumento de cuerda percutida, porque al tocar las teclas se accionan unos pequeños martillos que golpean las cuerdas que se encuentran dentro de la caja armónica.

Partituras para teclado

¿Cómo podemos escribir los sonidos que tocamos con el teclado? Necesitamos dos pentagramas, uno para la mano derecha y otro para la izquierda. Para tenerlos unidos usamos un paréntesis llamado LLAVE. En el pentagrama superior (mano derecha) escribimos la clave de sol y en el inferior (mano izquierda), la clave de fa.

¿En qué pentagrama se escribe cada nota? El punto en común es el DO CENTRAL, que se coloca entre los dos pentagramas y se encuentra en el centro del teclado del piano.

grupo de tres

grupo de dos

Es fácil de distinguir: todas las teclas negras están en grupos de dos o de tres, y el DO es siempre la tecla blanca que hay al comienzo de cada grupo de dos teclas negras. En el dibujo puedes ver la situación de las notas en el teclado.

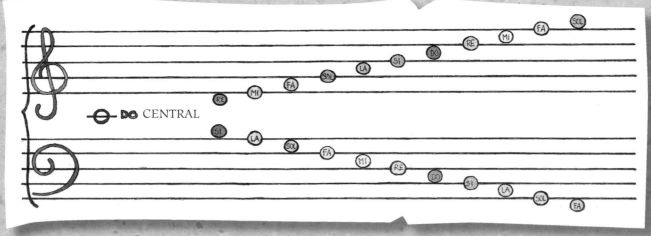

DO CENTRAL

Canciones para cada mano por separado (1)

A continuación hay algunas canciones que puedes intentar tocar. Comenzaremos con cada mano por separado y continuaremos con las dos manos juntas. Controla que la posición de las manos sea como la de la figura y recuerda: a cada número le corresponde un dedo.

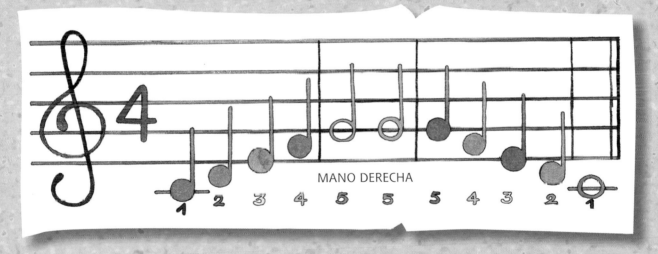

MANO DERECHA

1 2 3 4 5 5 5 4 3 2 1

Puedes agregar a algún amigo que toque la flauta o un instrumento de percusión. En cada canción encontrarás un dibujo con la posición de los dedos y su colocación para cada uno de los sonidos.
¡Que te diviertas!

Canciones para cada mano por separado (2)

MANO DERECHA

MANO IZQUIERDA

Las dos manos juntas (1)

MANO IZQUIERDA

MANO DERECHA

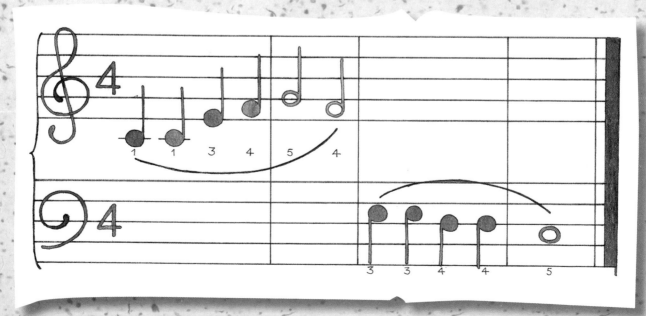

Las dos manos juntas (2)

Añadimos las pausas
correspondientes cuando
una mano deja de tocar...

... y la armonía.

Canciones para teclado y flauta

¡Ahora ya podemos
tocar todos juntos!